Les sandwichs cakes

et autres gâteaux salés pour l'apéro

SYLVIE AÏT-ALI

j'adore !

Les sandwichs cakes

et autres gâteaux salés pour l'apéro

Photographies et stylisme :
Sylvie Aït-Ali

SOLAR EDITIONS

L'édito

J'adore les sandwichs cakes ! Toujours à la recherche de nouvelles idées, je réfléchissais ce qui pourrait moderniser l'apéro ou les buffets, une recette gourmande et bluffante. J'ai eu l'idée de moderniser un plat d'origine scandinave, le *Smörgåstårta*. Ce gâteau salé, formé de sandwichs, mais décoré comme un gâteau, était tout désigné pour détrôner le classique pain surprise.

Mon premier essai fut le nordique – pain suédois, saumon fumé, concombre – une association qui plaît à tous, et si facile à faire. J'ai très vite eu envie d'en réaliser pour bien d'autres occasions : Pâques, fête des mères, Halloween ; et d'adapter la décoration à l'événement.

Quel étonnement de découvrir, au milieu des apéros ou en guise d'entrée, un « gâteau » décoré de ciboulette, de tomates cerises ou de salade ! Vous allez surprendre et régaler vos invités avec des saveurs variées et beaucoup de fraîcheur.

Ce livre renferme des sandwichs cakes pour tous les goûts, toutes les occasions, sous toutes les formes, mais vous pourrez les adapter à vos envies ou aux saisons pour épater et régaler vos convives !

Les sandwichs cakes… ***j'adore !***

Sylvie Aït-Ali

Qui suis-je ?

Infirmière de bloc opératoire de formation, j'ai eu la joie de travailler dans ce milieu pendant 16 ans.

En 2006, j'ai créé mon blog www.amusesbouche.fr afin de laisser libre cours à mes passions, la pâtisserie et la photographie, et de donner l'envie à mes lecteurs de réaliser mes recettes. Et très vite je suis devenue auteure culinaire et photographe à plein temps !

j'adore...

Notes

Vous pouvez aussi choisir d'utiliser les tranches rondes de pain d'épice telles quelles, sur le modèle du pain surprise.

La recette en or de l'invité
ÉRIC KAYSER

Sandwich cake Kayser

POUR 6 PERSONNES

Préparation : 45 min

Cuisson : 45 min

Le pain

4 tranches de pain d'épice Kayser rond

Pour la garniture

8 tranches fines de saumon fumé

250 g de Philadelphia® nature

½ concombre en rondelles

1 cuil. à soupe de raifort (en pommade souple)

1 cuil. à soupe de jus de citron

½ bouquet d'aneth ciselé

Sel, poivre gris en poudre

Pour le glaçage

300 g de patates douces à chair orange

2 Carrés frais® 20 %

5 pincées de piment d'Espelette (facultatif)

½ barquette de tomates cerises rouges et jaunes

3 radis roses

30 g de cacahuètes concassées et torréfiées

Quelques pluches d'aneth

Faites cuire les patates douces au four avec la peau à 160 °C (th. 5-6) 45 minutes. Une fois tiédies, enlevez la peau et écrasez-les en ajoutant les Carrés frais® pour obtenir une texture souple pour le glaçage. Salez et poivrez, fouettez pour homogénéiser, réservez au frais.

Coupez le concombre en gardant la peau, en fines rondelles à l'aide d'une mandoline. Mélangez le Philadelphia® avec l'aneth ciselé, le jus de citron, le raifort, une pincée de sel.

Posez sur le plan de travail le pain. À l'aide d'un emporte-pièce de forme carrée, façonnez les tranches de pain d'épice. Étalez une belle couche de Philadelphia® assaisonné à la spatule, puis recouvrez de tranches de concombre posées côte à côte et de saumon fumé jusqu'à la périphérie du sandwich cake. Continuez ainsi à faire plusieurs couches, quatre ou cinq,
en sachant que vous devez terminer par du pain pour que le nappage soit plus facile.

Recouvrez le sandwich cake Kayser avec la préparation de patate douce et Carré frais® et lissez à la spatule. Salez et poivrez à votre goût et éventuellement saupoudrez le piment d'Espelette pour la touche exotique.

Placez quelques pluches d'aneth tout autour du sandwich cake. Décorez le centre avec des rondelles de tomates cerises jaunes et rouges et avec des lamelles de radis. Pour finir, saupoudrez d'une concassée de cacahuètes torréfiées, uniquement autour de la garniture centrale, puis répartissez joliment quelques pluches d'aneth.

Placez au frais jusqu'au moment de servir. Tranchez en portions comme pour un gâteau à l'aide d'un couteau-scie.

ERIC KAYSER
ARTISAN BOULANGER
PARIS

Fils, petit-fils et arrière-petit-fils de boulanger, **Éric Kayser** a reçu le goût du pain en héritage. Ses baguettes et pains fantaisie sont les produits phares de ses 140 boulangeries à travers le monde.
www.maison-kayser.com

… les sandwichs cakes : pour commencer

Les ustensiles

1 Un moule ou cercle à entremets.

2 Un moule à charnière.

3 Un couteau à pain.

4 Des réglettes de coupe.

5 Un robot pâtissier muni d'un crochet pétrisseur.

6 Une corne.

7 Une grille et du papier sulfurisé.

Un sandwich cake, qu'est-ce que c'est ?

Le sandwich cake, que l'on peut l'apparenter au *smörgåstårta* scandinave, est un gâteau salé composé de sandwichs, assemblés et décorés comme un gâteau classique. On reproduit les codes de la pâtisserie, sans pour autant cacher que c'est un gâteau salé. On utilisera pour la décoration des petits légumes (tomates cerises, radis, courgette…), des herbes fraîches et des jeunes pousses de salade. On peut utiliser différents pains et varier la garniture selon les goûts, les saisons et les occasions, ce qui permet de multiplier les possibilités.

Le sandwich cake est un gâteau salé composé de sandwichs, assemblés et décorés comme un gâteau classique !

À la différence du pain surprise, pour lequel le pain est tranché en petits toasts et replacé dans la croûte, le sandwich cake ne montre pas au premier abord qu'il est un empilement de sandwichs. Il est présenté comme un gâteau et se mange comme un gâteau, avec des couverts. Donc pas de crainte, vous n'en aurez pas plein les doigts !

Pour quelle occasion ?

Certes, on aura plus tendance à le préparer au moment des beaux jours. Cependant, le sandwich cake est adapté à toutes les occasions. Le sandwich cake est une façon originale de présenter un plat de sandwich, il vous permettra de surprendre vos invités.

Idéal pour les buffets, les apéro-dînatoires, il trouvera sa place auprès des petits canapés, des cakes salés et verrines. Très sympa pour une soirée entre amis, vous pouvez également servir votre sandwich en entrée lors du repas dominical.

N'oubliez pas les fêtes en adaptant votre sandwich cake à l'occasion, le sapin pour Noël, le nid pour Pâques, le monstre pour halloween…

Conseils pour réussir son sandwich cake

Utilisez des pains variés, pain de mie, polaire, de campagne, complet, céréales, mais surtout du pain avec une mie pas trop alvéolée. Les alvéoles dans la mie rendent le garnissage difficile, une mie peu alvéolée permet un montage et une coupe beaucoup plus facile.

Si vous faites vous-même le pain, pensez à toujours le préparer la veille, il se coupera plus facilement. Une fois refroidi, enveloppez-le de film alimentaire.

Vous pouvez et il est même conseillé de préparer son sandwich cake un peu en avance mais sans le recouvrir de fromage frais. Il suffit de l'envelopper de film alimentaire, et de finaliser le « glaçage » avant de servir.

Recouvrez et décorez le sandwich cake de fromage frais 30 minutes à 1 heure avant de servir. Si vous le recouvrez trop à l'avance, le fromage va sécher et craqueler, ce qui n'est pas très esthétique. Décorez d'herbes fraîches ou de jeunes pousses de salade au dernier moment pour éviter qu'ils ne fanent.

La recette de base pas à pas : le pain

POUR 1 PAIN DE 15 CM DE DIAMÈTRE

Préparation : 20 min

Cuisson : 35 min

Repos : 1 h 45

400 g de farine T55 + un peu pour le moule

26 cl d'eau

2 cuil. à soupe d'huile de tournesol + un peu pour le moule

1 sachet de levure de boulanger déshydratée

1 pincée de sucre

1 cuil. à café de sel

Versez la levure dans un bol avec le sucre et 2 cuillerées à soupe d'eau tempérée. Mélangez et laissez reposer 10 minutes.

Mettez le sel dans la cuve d'un robot pâtissier, couvrez de farine puis ajoutez la levure, l'eau et l'huile. Pétrissez pendant 10 minutes, la pâte doit se décoller du bol, elle est souple, mais toujours un peu collante (*step 1*).

Placez la pâte dans un saladier, couvrez d'un film alimentaire et laissez reposer dans un endroit tempéré (*step 2*). La pâte doit doubler de volume.

1

Graissez légèrement le moule. Farinez légèrement le plan de travail, déposez la pâte en vous aidant de la corne. Travaillez-la brièvement puis façonnez une boule (*step 3*).

Placez-la dans le moule, couvrez d'un film alimentaire et laissez reposer 30 minutes (*step 4*). Préchauffez le four à 180 °C (th. 6).

Lorsque la pâte a doublé de volume, placez le moule dans le four et faites cuire 35 minutes. À la sortie du four, démoulez le pain et laissez-le refroidir sur une grille. Lorsque le pain est totalement froid, enveloppez-le de film alimentaire.

Le lendemain, tranchez le pain avec un couteau à pain en vous aidant de réglettes en bois, pour obtenir des tranches horizontales régulières (*step 5*).

… les basiques

Le nordique

POUR 8 PERSONNES

Préparation : 50 min

Réfrigération : 30 min

Le pain

5 pains suédois ronds (du commerce)

Pour la garniture

6 tranches de saumon fumé

100 g de fromage blanc

5 Carré frais®

½ concombre

1 cuil. à café d'aneth ciselé

1 cuil. à café de jus de citron

Sel

Pour le glaçage et la décoration

200 g de fromage frais type Philadelphia®

30 g de crème liquide

10 tomates cerises de couleurs diverses

3 radis ronds

1 botte de ciboulette

Quelques feuilles de basilic

Mélangez le fromage blanc avec les Carré frais®, ajoutez l'aneth, le citron, salez légèrement. Coupez le concombre en fines tranches à la mandoline.

Placez 1 pain suédois sur une assiette, étalez une fine couche du mélange fromage blanc et Carré frais® puis couvrez-les de tranches de concombre. Positionnez un autre pain suédois tartiné de fromage au-dessus et recouvrez-le de saumon fumé. Continuez d'alterner les différentes couches et terminez par 1 pain.

Fouettez le Philadelphia® et la crème. Lorsque le mélange est homogène et onctueux, recouvrez-en le sandwich cake à l'aide d'une spatule. Coupez la ciboulette en différentes tailles puis placez les brins tout autour. Décorez de tomates cerises, coupées en deux ou quatre, de rondelles de radis, de ciboulette ciselée et de petites feuilles de basilic. Réservez au frais 30 minutes avant de servir.

Le bouquet d'asperges

POUR 6 PERSONNES

Préparation : 45 min

Cuisson : 10 min

Réfrigération : 1 h

Le pain

1 pain de 15 cm de diamètre (selon la recette de base p. 14)

Pour la garniture et la décoration

400 g de petites asperges

6 œufs

5 tranches de jambon cru

200 g de fromage frais St Môret®

2 cuil. à café de sauce béarnaise

1 cuil. à café de moutarde

1 cuil. à soupe de ciboulette ciselée

Sel

Pour le pain, à préparer la veille, suivez la recette de base p. 14.

Le lendemain, portez à ébullition une grande casserole d'eau. Plongez-y les œufs à l'aide d'une écumoire et laissez cuire 9 minutes. Une fois la cuisson terminée, placez les œufs dans un saladier rempli d'eau froide. Attendez 10 minutes avant de les écaler. Réservez.

Portez à ébullition une grande casserole d'eau salée. Plongez-y les asperges pendant 30 secondes, leur couleur va s'intensifier. Retirez les asperges de l'eau bouillante à l'aide de l'écumoire et placez-les 5 minutes dans un saladier d'eau très froide pour arrêter la cuisson. Faites très attention de ne pas abîmer les pointes d'asperges, plus fragiles.

Hachez les œufs à l'aide d'un mixeur, mais sans obtenir une purée. Placez les œufs hachés dans un saladier, ajoutez la moutarde, la sauce béarnaise, la ciboulette, puis mélangez délicatement.

Coupez les asperges pour qu'elles fassent 12 cm de long, réservez-les. Coupez en rondelles les bouts d'asperges restants, ajoutez-les aux œufs ainsi que 1 tranche de jambon cru coupée en petits morceaux.

Coupez le pain en 4 tranches de 1,5 cm d'épaisseur. Étalez sur 3 tranches un peu de fromage frais. Répartissez les œufs sur ces 3 tranches en une couche épaisse et régulière. Superposez les tranches de pain et terminez par la quatrième tranche. Pressez légèrement.

Fouettez le reste de fromage frais et étalez-le en fine couche sur toute la surface du sandwich cake. Placez les asperges debout tout autour. Réservez au frais 1 heure. Au moment de servir, placez les tranches de jambon cru sur le dessus en chiffonnade.

Le printanier

POUR 6 PERSONNES

Préparation : 1 h

Cuisson : 3 min

Réfrigération : 30 min

Repos : 30 min

Le pain

8 tranches carrées de pain de mie aux céréales (du commerce)

Pour la garniture

2 blancs de poulet rôti

4 pétales de tomates séchées

150 g de fromage aux herbes

½ courgette

2 cuil. à soupe d'huile d'olive

1 cuil. à soupe de vinaigre balsamique

Sel

Pour le glaçage et la décoration

100 g de fromage frais à tartiner

1 courgette

6 radis ronds

10 brins de ciboulette

Lavez les courgettes, coupez la demi-courgette en rondelles, placez-les dans un plat, arrosez-les d'huile d'olive, de vinaigre balsamique, salez et laissez reposer 30 minutes. Enlevez les extrémités de l'autre courgette puis coupez-la en deux. Taillez des bandes fines à l'aide d'une mandoline. Mettez une casserole d'eau salée à bouillir puis plongez-y les lamelles de courgette 1 minute. Attention, elles ne doivent pas trop cuire, égouttez-les. Coupez les tomates séchées en morceaux et les blancs de poulet en tranches.

Placez 2 tranches de pain de mie sur un plat, étalez une couche régulière de fromage aux herbes. Puis déposez du poulet, des rondelles de courgette et de la tomate séchée. Superposez ainsi 3 épaisseurs de pain-poulet-courgette et terminez par une quatrième épaisseur de pain de mie. Lissez la surface avec du fromage frais et étalez une fine couche sur les côtés du sandwich cake.

Placez tout autour des lamelles de courgette coupées à la hauteur du sandwich cake. Placez au frais 30 minutes.

Au moment de servir, décorez de rondelles de radis et de ciboulette ciselée.

Le sandwich cake océan

POUR 6 PERSONNES

Préparation : 1 h

Réfrigération : 1 h

Le pain

4 grands blinis (faits maison ou du commerce)

Pour la garniture

50 g de petites crevettes

4 tranches de saumon fumé

50 g de fromage frais

1 avocat

Le zeste de ½ citron et 1 cuil. à café de jus

Pour le glaçage et la décoration

15 cl de crème liquide entière

50 g de mascarpone

3 cuil. à soupe d'œufs de lump rouge

1 tomate cerise

Le zeste de ½ citron

Quelques quartiers de citron

Une dizaine de petites crevettes

Sel

Mélangez le fromage frais avec 1 cuillerée à café de jus de citron et le zeste. Étalez le fromage citronné sur 3 blinis. Placez le saumon fumé sur 2 blinis et les crevettes sur le troisième. Coupez l'avocat en fines tranches et placez-le sur les blinis. Superposez les 3 blinis garnis en les alternant. Placez le quatrième blini sur le dessus.

Fouettez la crème et le mascarpone en chantilly avec le zeste de citron, salez. Placez un quart de chantilly dans une poche à douille. Incorporez les œufs de lump dans le reste de chantilly, mélangez délicatement pour ne pas écraser les œufs.

Recouvrez le sandwich cake de chantilly aux œufs de lompe à l'aide d'une spatule toujours en faisant attention de ne pas écraser les œufs. Lissez pour bien les faire ressortir. Dressez au-dessus une rosace de chantilly au citron.

Décorez de petites crevettes et de quartiers de citron. Déposez une tomate cerise sur la chantilly, placez-la sur la pique en bois pour éviter qu'elle ne s'enfonce. Placez au frais 1 heure avant de servir.

Notes

Pour une version express de ce sandwich cake, garnissez le pain de rillettes de saumon maison (voir la recette p. 93).

Le pizza cake

POUR 6 PERSONNES

Préparation : 40 min

Cuisson : 30 min

Le pain

1 pain de 20 cm de diamètre (1,5 fois la recette de base p. 14)

Pour la garniture

200 g de sauce tomate cuisinée

2 boules de mozzarella

150 g d'emmental râpé

1 tranche de jambon

10 champignons de Paris

1 cuil. à café d'origan

Quelques olives noires

Quelques feuilles de roquette

Pour le pain, à préparer la veille, suivez la recette de base p. 14.

Le lendemain, préchauffez le four à 180 °C (th. 6). Retirez la partie bombée du pain. Avec un couteau pointu, coupez la mie verticalement au plus près de la croûte. Coupez aussi la croûte du dessous afin d'évider le pain et réservez l'ensemble. Coupez le cylindre de mie en 4 ou 5 tranches. Placez 3 tranches sur une plaque de cuisson et toastez-les au four pendant 10 minutes. Vous n'aurez pas besoin des deux autres, les garnitures vont prendre leur place.

Coupez le jambon en morceaux. Nettoyez et coupez les champignons en lamelles. Égouttez et coupez la mozzarella en tranches.

Replacez le fond et le contour évidé du pain sur une plaque de cuisson recouverte de papier sulfurisé. Étalez dedans une couche de sauce tomate, répartissez un tiers du jambon, des champignons, de la mozzarella et de l'emmental. Saupoudrez d'origan, puis placez une tranche de pain et recommencez jusqu'à remplir le pain.

Mettez le pizza cake 20 minutes au four, puis 2 minutes sous le gril. Décorez de quelques olives noires, de lamelles de champignons crus et de roquette. Servez aussitôt accompagné de salade.

Le dôme au crabe

POUR 6 PERSONNES

Préparation : 30 min

Réfrigération : 2 h

Le pain

1 pain de 20 cm de diamètre (1,5 fois la recette de base p. 14)

Pour la garniture

100 g de surimi

100 g de chair de crabe

2 Carré frais®

1 avocat

1 pamplemousse rose

50 g de mayonnaise

Sel, poivre

Pour le glaçage et la décoration

100 g de St Môret®

½ concombre

Pour le pain, à préparer la veille, suivez la recette de base p. 14.

Le lendemain, mélangez le surimi, la chair de crabe, la mayonnaise et le fromage Carré frais®. Poivrez et salez légèrement.
Épluchez le pamplemousse à vif puis prélevez la pulpe (les suprêmes). Épluchez l'avocat et coupez sa chair en lamelles.

Coupez la partie bombée du pain sur une épaisseur de 1,5 cm, puis 2 tranches de même épaisseur. Tapissez un saladier de 20 cm de diamètre de film alimentaire.
Placez la partie bombée du pain dans le fond. Étalez la moitié de la préparation au crabe, puis la moitié du pamplemousse et de l'avocat. Positionnez une tranche de pain que vous aurez taillée à la bonne dimension. Déposez l'autre moitié des ingrédients et terminez par la seconde tranche de pain. Pressez légèrement puis couvrez d'un film alimentaire. Placez au réfrigérateur 1 heure.

Travaillez le fromage pour l'assouplir. Démoulez le sandwich cake sur un plat, puis étalez une fine couche de fromage sur le dôme. Lavez le concombre et coupez-le en très fines rondelles à la mandoline. Elles doivent être assez souples pour bien épouser la courbure du dôme. Positionnez-les sur le dôme en commençant par le bas. Placez au frais 1 heure jusqu'au moment de servir.

Le provençal

POUR 8 PERSONNES

Préparation : 1 h

Réfrigération : 30 min

Pour le pain aux herbes
(selon la recette de base p. 14)

1 cuil. à café d'herbes de Provence

1 cuil. à café d'origan

2 cuil. à soupe d'huile d'olive (à la place de l'huile de tournesol)

Pour la garniture

220 g de thon au naturel

150 g de St Môret®

2 tomates

⅓ concombre

1 échalote

1 cuil. à soupe de ciboulette ciselée

Pour le glaçage et la décoration

200 g de Philadelphia®

40 g de crème liquide entière

6 cœurs d'artichauts

6 tomates cerises confites

6 billes de mozzarella

6 olives noires

6 câpres à queue

1 oignon nouveau

1 bol de jeunes pousses de salade

La veille préparez un pain rond de 15 cm de diamètre en suivant la recette de base p. 14, en remplaçant l'huile de tournesol par de l'huile d'olive et en ajoutant les herbes à la pâte.

Le lendemain, égouttez le thon et mélangez-le au St Môret®. Ajoutez l'échalote hachée et la ciboulette. Lavez les tomates, le concombre et coupez-les en rondelles.

Coupez 3 tranches de pain de 1,5 cm d'épaisseur. Étalez la moitié de la préparation au thon sur une tranche, puis répartissez des rondelles de tomates et de concombre. Recommencez ces opérations et terminez par la troisième tranche de pain.

Fouettez le Philadelphia® et la crème, recouvrez le sandwich cake d'une fine couche de fromage fouetté. Réservez au réfrigérateur 30 minutes.

Placez les cœurs d'artichauts, les tomates cerises, la mozzarella, les olives noires, l'oignon nouveau ciselé et les câpres en couronne sur le dessus. Placez de jeunes pousses de salade sur le pourtour. Servez rapidement.

La charlotte royale

POUR 6 PERSONNES

Préparation : 1 h 30

Réfrigération : 1 h

Le pain

15 tranches de pain de mie (du commerce)

Pour la garniture et la décoration

1 pot de pesto rouge

80 g de fromage frais

8 tranches de salami

1 tomate

100 g de salade

1 cuil. à soupe de sauce vinaigrette

Sel

Étalez une fine couche de pesto sur 2 tranches de pain de mie, superposez-les, côté garni vers le haut, puis déposez une troisième tranche. À l'aide d'un couteau, découpez ce sandwich en tranches de 0,8 cm d'épaisseur afin d'obtenir un long rectangle rayé que l'on découpe en carrés. Recommencez avec 6 autres tranches de pain de mie.

Tapissez un saladier de 18 cm de diamètre et 8 cm de haut de film alimentaire. Rangez les carrés de pain de mie dans le saladier en commençant par le fond, en alternant l'orientation des rayures. N'hésitez pas à bien les serrer. En remontant sur les bords, vous aurez besoin de faire un peu de découpe pour suivre la forme du saladier et occuper tous les espaces vides.

Mélangez le fromage frais et 1 cuillerée à soupe de pesto rouge, étalez ce mélange sur les carrés sans les déplacer afin qu'ils adhèrent aux ingrédients.

Assaisonnez la salade. Lavez et coupez la tomate en tranches. Remplissez l'intérieur de la charlotte avec des tranches de salami, des rondelles de tomate et de la salade, couvrez de tranches de pain de mie tartinées de pesto rouge, il faut faire un peu de découpe. Pressez légèrement puis recommencez jusqu'à remplir le saladier. Terminez par du pain. Placez une assiette au-dessus du saladier et laissez reposer 1 heure au frais.

Au moment de servir, retournez le saladier sur l'assiette et démoulez délicatement.

Notes

Pour que le pain de mie se découpe facilement, il ne doit pas être trop moelleux. Vous pouvez le laisser à l'air libre 2 ou 3 heures avant de réaliser le damier.

Le pomme canard

POUR 6 PERSONNES

Préparation : 45 min

Cuisson : 3 min

Réfrigération : 30 min

Le pain

1 pain de 15 cm de diamètre (selon la recette de base p. 14)

Pour la garniture et la décoration

160 g de magret de canard séché tranché

2 pommes

4 cuil. à soupe de confit d'oignon

200 g de fromage frais à tartiner

40 g de crème liquide entière

250 g de bretzels longs

Pour le pain, à préparer la veille, suivez la recette de base p. 14.

Le lendemain, lavez et épluchez les pommes, coupez-les en lamelles. Placez-les dans un saladier, couvrez d'eau et faites cuire 3 minutes au micro-ondes. Égouttez-les et laissez refroidir.

Retirez, ou non, selon votre goût, la bande de graisse des tranches de magret de canard séché. Coupez 3 tranches de pain de 1,5 cm d'épaisseur. Étalez un peu de confit d'oignon frais sur 2 tranches, couvrez-les de canard puis de pomme. Superposez ces 2 tranches de pain garnies puis terminez par la dernière sans la recouvrir.

Fouettez le fromage frais et la crème, étalez une fine couche sur tout le sandwich cake, puis réservez au réfrigérateur 30 minutes.

Au moment de servir, déposez une rosace de pommes cuites sur le dessus et habillez le contour de bretzels coupés à la hauteur du sandwich cake. Servez aussitôt.

...les festifs

La couronne d'Épiphanie

POUR 8 PERSONNES

Préparation : 30 min

Cuisson : 15 min

Le pain

1 pain couronne (selon la recette de base p. 14)

Pour la garniture

2 escalopes de poulet

1 cuil. à café de margarine

50 g de carottes râpées

2 cuil. à soupe de maïs

2 cuil. à soupe de sauce crudités

Emmental en tranches

5 feuilles de laitue

1 tomate

1 avocat

3 cuil. à café de sauce tartare

Sel, poivre

Pour le pain, à préparer la veille, suivez la recette de base p. 14. Après la première pousse, placez la pâte sur un plan de travail fariné, façonnez une boule, créez un trou au centre, agrandissez-le pour former un anneau de pâte. Placez-le dans un moule à savarin légèrement graissé. Continuez en suivant la recette de base.

Le lendemain, coupez le pain en deux et retirez un peu de mie dans la partie basse.

Faites chauffer la margarine dans une poêle, mettez les escalopes à cuire sur feu doux, pour ne pas trop colorer la viande, pendant 15 minutes. Salez et poivrez. Coupez en tranches.

Placez les carottes râpées dans un saladier avec le maïs, arrosez de sauce crudités, mélangez et réservez. Lavez la tomate et coupez-la en rondelles. Lavez les feuilles de salade et épongez-les avec du papier absorbant. Coupez l'avocat en deux, retirez le noyau, coupez-le en lamelles avant de retirer la peau.

Étalez la sauce tartare sur la partie creusée du pain, remplissez celle-ci du mélange carottes-maïs. Déposez les feuilles de salade sur le pain, les rondelles de tomate, le fromage, les lamelles d'avocat et le poulet. Refermez la couronne et servez aussitôt.

Le sandwich cake rose

POUR 6 PERSONNES

Préparation : 40 min

Réfrigération : 2 h

Le pain

1 pain de 15 cm de diamètre (selon la recette de base p. 14)

Pour la garniture et la décoration

9 tranches fines de bœuf séché

250 g de Philadelphia®

1 pomme

1 betterave Chioggia (betterave bicolore)

60 g de betterave rouge cuite

1 citron

Pour le pain, à préparer la veille, suivez la recette de base p. 14.

Le lendemain, lavez la pomme, retirez son cœur avec un vide-pomme et coupez-la en tranches pas trop fines à l'aide d'une mandoline. Placez-les dans un saladier en la recouvrant d'eau et du jus d'un demi-citron. Épluchez et coupez la betterave Chioggia très finement à la mandoline. Placez-la dans un saladier en la recouvrant d'eau et du jus d'un demi-citron.

Coupez la betterave rouge en morceaux, mettez-la dans un saladier, ajoutez le Philadelphia® et mixez le tout avec un robot plongeant.

Coupez le pain en 4 tranches de 1,5 cm d'épaisseur. Étalez un peu de préparation fromage-betterave sur 3 tranches, puis placez 2 tranches de bœuf séché et enfin des tranches de pomme après les avoir égouttées et épongées avec du papier absorbant. Superposez ces 3 tranches de pain garnies puis terminez par la dernière tranche de pain nue.

Recouvrez tout le sandwich cake du mélange fromage-betterave à l'aide d'une spatule. Déposez quelques points de fromage sur le dessus à l'aide d'une poche à douille. Épongez les lamelles de betterave Chioggia et, à l'aide d'emporte-pièce de tailles différentes, découpez des disques et décorez le sandwich cake. Placez au frais 2 heures.

Le Saint-Valentin

POUR 2 PERSONNES

Préparation : 40 min

Réfrigération : 30 min

Le pain

3 grands toasts ronds de pain de mie (du commerce)

Pour la garniture et le glaçage

4 tranches fines de rosbif

6 feuilles de laitue

150 g de fromage frais

3 cuil. à café de moutarde

1 cuil. à soupe de crème liquide entière

Pour la décoration

3 tomates cerises allongées

5 radis ronds

Quelques feuilles de basilic

Étalez un peu de moutarde sur un toast, placez 2 tranches de rosbif puis 3 feuilles de salade. Étalez un peu de fromage frais sur un second toast et posez-le sur le premier toast garni, fromage contre la salade. Étalez de la moutarde sur le dessus puis de nouveau rosbif et salade. Terminez par un toast garni de fromage frais, toujours contre la salade. Placez au frais 30 minutes.

Fouettez le fromage restant avec la crème. Recouvrez le sandwich cake de fromage frais et décorez de petits points à l'aide d'une poche à douille.

Coupez les radis en fines rondelles à la mandoline, placez-les à la base du sandwich cake. Coupez les tomates cerises allongées en deux en biais et formez un cœur en inversant un des deux côtés. Maintenez l'ensemble avec un cure-dents. Déposez les cœurs sur le dessus ainsi que quelques feuilles de basilic. Servez aussitôt.

Le monstre d'Halloween

POUR 8 PERSONNES

Préparation : 45 min

Cuisson : 9 min

Réfrigération : 30 min

Le pain

1 pain rond de 15 cm de diamètre (selon la recette de base)

Pour la garniture et le glaçage

4 œufs

250 g de fromage frais

250 g de terrine de campagne

12 grandes rondelles de cornichons

Pour la décoration

3 œufs de caille

1 tranche de gouda

1 tranche de jambon

1 petit cornichon

100 g d'oignon frit

Pour le pain, à préparer la veille, suivez la recette de base p. 14.

Le lendemain, portez une casserole d'eau à ébullition, faites cuire les œufs de poule 9 minutes et les œufs de caille 4 minutes. Une fois cuits, plongez-les dans un saladier d'eau froide pendant 10 minutes puis écalez-les.

Coupez 3 tranches de pain de 2 cm d'épaisseur. Étalez un peu de fromage frais sur la première tranche, recouvrez de rondelles d'œufs durs de poule puis d'une tranche de terrine et enfin de rondelles de cornichons. Recommencez ces opérations et terminez par la troisième tranche de pain.

Travaillez le fromage frais pour l'assouplir et recouvrez le sandwich cake d'une fine couche. Réservez au réfrigérateur.

Recouvrez, 30 minutes avant de servir, le sandwich cake d'oignon frit. Placez les œufs de caille entiers sur le dessus avec des cure-dents pour faire les yeux et créez des pupilles avec des rondelles de cornichon. Découpez des dents dans le fromage, 1 langue dans le jambon et collez-les avec un peu de fromage frais. Servez pendant que les oignons sont encore croustillants.

Le nid de Pâques

POUR 10 PERSONNES

Préparation : 1 h

Réfrigération : 2 h

Repos : 15 min

Le pain

2 paquets de petits toasts ronds (du commerce)

Pour la garniture

6 tranches de jambon

6 grandes tranches de mimolette

6 grandes tranches d'emmental

80 g de beurre

Pour la décoration

6 œufs durs de caille

1 bol de jeunes pousses de salade

Retirez, à l'aide d'un emporte-pièce de 6 cm de diamètre, les croûtes des toasts, puis coupez des disques de jambon et de fromage.

Beurrez légèrement chaque toast et déposez-y un disque de jambon ou de fromage. Réalisez tous les toasts puis rangez-les verticalement en alternant jambon et fromage dans un moule à savarin ou dans un cercle à entremets de 22 à 24 cm de diamètre posé sur un plat. Serrez-les bien. Recouvrez de film alimentaire et placez au frais 2 heures minimum.

Sortez le nid du réfrigérateur 15 minutes avant de le déguster. Au moment de servir, retirez le cercle à entremets ou retournez délicatement le moule à savarin à l'aide d'une assiette et placez la salade de jeunes pousses au centre des toasts. Décorez la salade avec les œufs durs de caille piqués sur des cure-dents. Servez accompagné d'une vinaigrette.

Le spécial fête des mères

POUR 6 PERSONNES

Préparation : 40 min

Réfrigération : 30 min

Le pain

14 tranches de pain de mie complet (du commerce)

Pour la garniture et le glaçage

½ melon

200 g de fromage frais

10 tranches de jambon cru

Pour la décoration

3 tomates ovales

3 tomates rondes

2 olives noires

Quelques jeunes pousses de salade

Toastez 8 tranches de pain de mie. Laissez-les refroidir. Coupez le melon en deux, retirez les pépins puis coupez-le en tranches de 0,5 cm d'épaisseur. Placez 2 tranches de pain grillé sur un plat, étalez une fine couche de fromage. Puis déposez du jambon cru et du melon. Superposez ainsi trois épaisseurs de pain-fromage-jambon-melon et terminez par une quatrième épaisseur de pain de mie. Lissez toutes les faces du sandwich cake avec une fine couche de fromage.

Taillez les tranches de pain restantes pour habiller le contour du sandwich cake. À l'aide d'un emporte-pièce, creusez un cœur au centre de chaque tranche. Appliquez-les sur le cake.

Lavez les tomates allongées, coupez les côtés, 2 ou 3 selon la taille de la tomate, puis taillez des cœurs et placez-les au centre des tranches de pain de mie.

Lavez les tomates rondes et épluchez-les à l'aide d'un couteau économe en ne faisant que 1 ou 2 bandes de peau. Roulez-les sur elles-mêmes pour façonner des fleurs et déposez-les sur le sandwich cake. Réalisez le cœur des fleurs avec un peu d'olives noires coupées en petits morceaux.
Au moment de servir, décorez de jeunes pousses de salade.

Notes

Pas de gâchis ! Vous pouvez réaliser un tartare ou une soupe froide avec le reste des tomates.

Le sapin de Noël

POUR 8 PERSONNES

Préparation : 1 h 30

Cuisson : 45 min

Repos : 1 nuit

Pour le pain rond
(selon la recette de base p. 14)

100 g de roquette

15 feuilles de basilic

30 g de margarine

Pour la garniture et la décoration

100 g de houmous

100 g de ktipiti (fromage frais au poivron)

100 g de pesto rouge

1 cuil. à café de concentré de tomate

1 cuil. à soupe de fromage frais

Quelques groseilles

La veille, pour la préparation du pain, faites fondre la margarine dans une sauteuse, ajoutez la roquette, le basilic et laissez cuire 10 minutes en mélangeant régulièrement sur feu doux pour ne pas colorer. Placez la roquette et le basilic cuit dans un blender avec l'eau prévue dans la recette du pain et mixez l'ensemble. Préparez le pain avec l'eau devenue verte en suivant la recette de base p. 14. Mettez le pain à cuire dans un moule de 15 cm de diamètre et haut de 20 cm pendant 35 minutes. Laissez reposer une nuit.

Le lendemain, coupez des tranches régulières de 8 mm à 1 cm, en vous aidant de réglettes. Il faut être minutieux et procéder doucement pour un résultat régulier. Vous devez obtenir 10 tranches. Découpez, à l'aide d'un emporte-pièce, 7 paires d'étoiles de différentes tailles.

Étalez entre chaque paire d'étoiles de la même taille du houmous, du ktipiti ou du pesto rouge mélangé au concentré de tomate pour intensifier sa couleur. Placez les sandwichs dans une boîte hermétique au frais.

Au moment de servir, superposez les étoiles ainsi garnies par ordre décroissant. Vous pouvez renforcer l'ensemble en plaçant 1 ou 2 piques en bois au centre. Décorez avec de petits points de fromage frais et des groseilles. Servez rapidement.

Notes

Afin de faciliter la découpe de votre pain, vous pourrez trouver dans des boutiques spécialisées des kits d'emporte-pièce pour réaliser des sapins en sablés.

La bûche de Noël au foie gras et figue

POUR 8 PERSONNES

Préparation : 40 min

Cuisson : 5 min

Réfrigération : 6 h

Le pain

13 toasts briochés (du commerce)

Pour la garniture

250 g de foie gras en ballotine

150 g de confit de figue

Pour la chantilly au foie gras

120 g de foie gras

15 cl de crème liquide entière

Sel, poivre

Pour la décoration

1 petite figue fraîche

3 tranches fines de pain d'épice

Quelques baies roses

Préparez la chantilly : coupez le foie gras en petits morceaux, placez-les dans une casserole avec la crème et portez à ébullition, puis laissez cuire à feu doux 5 minutes pour que le foie gras fonde. Salez, poivrez et mixez à l'aide d'un mixeur plongeant, laissez refroidir et placez au frais 4 heures.

Coupez le foie gras en ballotine en tranches fines à l'aide d'une lyre. Si besoin, découpez-les avec un emporte-pièce du même diamètre que les toasts. Afin de créer la base de la bûche, découpez 0,5 cm sur un côté. Coupez les toasts de la même façon que les tranches de foie gras. Sur chaque toast, étalez un peu de confit de figue puis déposez une tranche de foie gras tempéré. Placez tous les toasts les uns derrière les autres afin de former la bûche, pressez délicatement pour que tous les toasts se collent entre eux. Disposez sur un plat de service.

Fouettez la crème au foie gras jusqu'à l'obtention d'une chantilly. Recouvrez la bûche à l'aide d'une spatule et déposez un ruban de chantilly à l'aide d'une poche munie d'une douille à saint-honoré.

Décorez de petits quartiers de figue, d'étoiles de pain d'épice et de baies roses. Réservez au frais 2 heures avant de servir.

Notes

Choisissez un foie gras du même diamètre que les toasts pour faciliter le montage de la bûche.

… les végétariens

Le "poivrons marinés" et caviar d'aubergine

POUR 8 PERSONNES

Préparation : 1 h 30

Cuisson : 1 h

Réfrigération : 1 nuit + 30 min

Pour le pain de campagne
(selon la recette de base p. 14)

200 g de farine de campagne (à la place de la T55)

Pour la garniture

2 poivrons rouges

1 poivron jaune

1 aubergine

200 g de chèvre frais

3 cuil. à soupe d'huile d'olive

2 gousses d'ail

1 cuil. à soupe de tahin

1 cuil. à café de jus de citron

Sel

Pour le glaçage et la décoration

200 g de Philadelphia®

40 g de crème liquide entière

1 cuil. à soupe de graines de pavot

Préparez la veille, un pain de 15 cm de diamètre avec la farine de campagne.

Profitez du temps de levée du pain pour préparer les poivrons. Préchauffez le four à 200 °C (th. 7), position gril. Lavez, épépinez et coupez les poivrons en quatre. Déposez-les sur une plaque de cuisson et mettez au four jusqu'à ce que la peau commence à noircir. Placez les poivrons dans un sac congélation et laissez reposer 15 minutes avant de retirer la peau. Puis mettez-les dans un plat avec 1 gousse d'ail hachée, salez et arrosez d'huile d'olive. Mélangez, couvrez d'un film alimentaire et réservez au frais toute la nuit.

Préchauffez le lendemain, le four à 200 °C (th. 7). Lavez et coupez l'aubergine en deux dans le sens de la longueur. Placez-la sur une plaque de cuisson, peau vers le haut, et mettez au four 40 minutes. Prélevez la chair, placez-la dans le bol d'un robot avec 1 gousse d'ail et mixez. Ajoutez le tahin, le jus de citron et salez.

Coupez 4 tranches de pain de 1,5 cm d'épaisseur. Étalez le fromage de chèvre sur une tranche, recouvrez du poivron rouge après avoir retiré l'excès d'huile, puis étalez le caviar d'aubergine. Recommencez ces opérations en alternant les poivrons rouge et jaune.

Fouettez le Philadelphia® avec la crème. Couvrez le sandwich cake d'une couche de fromage et décorez-le à l'aide d'une poche à douille. Parsemez de graines de pavot. Réservez au frais 30 minutes avant de servir.

Le naked cake salé ou "gâteau nu"

POUR 8 PERSONNES

Préparation : 1 h

Réfrigération : 30 min

Le pain

1 pain rond de 15 cm de diamètre (selon la recette de base p. 14)

Pour la garniture et la décoration

220 g de Philadelphia®

100 g de fromage échalote-ciboulette

30 g de crème liquide entière

3 dés de feta

½ poivron rouge

½ poivron jaune

½ petite courgette

½ oignon rouge

1 cuil. à soupe d'huile d'olive

1 cuil. à café de vinaigre balsamique

10 feuilles de basilic (plus quelques feuilles pour la décoration)

Sel, poivre

Pour le pain, à préparer la veille, suivez la recette de base p. 14.

Le lendemain, lavez les poivrons et la courgette, épluchez l'oignon et coupez tous les légumes en brunoise. Retirez 2 cuillerées à soupe pour la décoration, placez le reste dans un saladier. Assaisonnez avec l'huile, le vinaigre et le basilic ciselé, salez, poivrez et mélangez. Laissez reposer 30 minutes au frais.

Coupez la partie bombée du pain puis le reste en 4 tranches. Étalez le fromage échalote-ciboulette sur 3 tranches de pain. Fouettez le Philadelphia® et la crème pour obtenir un mélange souple, mais qui a de la tenue. Dressez un anneau de fromage fouetté à l'aide d'une poche à douille en périphérie de ces 3 tranches de pain. Remplissez le centre de brunoise, tassez légèrement. Superposez les 3 tranches de pain garnies, placez la quatrième tranche et pressez doucement. Couvrez le dessus du sandwich cake du reste de fromage fouetté.

Déposez la brunoise non assaisonnée en couronne sur le sandwich cake. Découpez la feta en dés de la même taille que la brunoise, répartissez-la sur les légumes. Décorez de petites feuilles de basilic. Réservez au frais.

Le tomate, mozzarella et pesto

POUR 2 PERSONNES

Préparation : 3 min

Réfrigération : 1 h

Le pain

4 tranches carrées de pain polaire (du commerce)

Pour la garniture et le glaçage

1 tomate

1 boule de mozzarella

1 cuil. à café de pesto

150 g de fromage frais

2 cuil. à soupe de crème liquide

15 feuilles de basilic

Pour la décoration

4 billes de mozzarella

6 tomates cerises

Quelques petites feuilles de basilic

Mixez les feuilles de basilic avec la crème, ajoutez le pesto* et mélangez au fromage frais.

Lavez la tomate et coupez-la en fines rondelles. Égouttez la mozzarella et coupez-la en tranches. Placez une tranche de pain polaire sur une assiette, étalez un peu de fromage au basilic puis placez des rondelles de tomate et de la mozzarella. Renouvelez ces opérations et terminez par une tranche de pain.

Recouvrez le sandwich cake du reste de fromage au basilic, lissez. Placez au frais 1 heure.

Au moment de servir, décorez de billes de mozzarella, de tomates cerises et de petites feuilles de basilic.

*Pesto basilic roquette

POUR 1 PETIT POT Préparation : 15 min

10 feuilles de basilic • 80 g de roquette • 50 g de pignons de pin • 2 gousses d'ail dégermées • 10 cl d'huile d'olive 1 cuil. à soupe de parmesan râpé • Sel, poivre

Lavez la roquette et les feuilles de basilic, épongez-les et déposez-les avec les gousses d'ail épluchées et dégermées dans le bol d'un robot mixeur.

Ajoutez les pignons de pin, le parmesan, salez et poivrez, et mixez 30 secondes. Ajoutez l'huile d'olive puis mixez encore 30 secondes.

Placez le pesto dans un bocal en verre et réservez-le au frais. Il peut se conserver 5 jours.

Le brie et fruits secs

POUR 10 PERSONNES

Préparation : 45 min

Cuisson : 10 min

Réfrigération : 1 nuit + 1 h

Le pain

1 pain de 15 cm de diamètre (selon la recette de base p. 14)

Pour la garniture

1 brie de 15 cm de diamètre

120 g de fromage frais

2 figues sèches

40 g de noisettes entières

40 g d'amandes émondées

30 g de raisins secs

30 g de cranberries

Pour le glaçage et la décoration

150 g de fromage frais

50 g de crème liquide entière

10 noisettes entières

Une poignée d'amandes effilées

8 pistaches

8 cranberries

Pour le pain, à préparer la veille, suivez la recette de base p. 14.

Le lendemain, préchauffez le four à 180 °C (th. 6). Placez les noisettes et les amandes sur une plaque de cuisson et mettez au four 5 minutes pour les torréfier. Laissez refroidir, réservez 10 noisettes puis hachez grossièrement le reste à l'aide d'un grand couteau. Mettez de côté 1 cuillerée à soupe pour la décoration. Coupez les figues en petits morceaux et mélangez-les avec les raisins, les cranberries, les noisettes et amandes hachées. Ajoutez le fromage frais et mélangez.

Coupez le pain en 3 tranches épaisses de 2 cm. Coupez le brie en deux horizontalement. Étalez le mélange de fruits secs et fromage frais sur les deux moitiés de brie. Alternez les tranches de pain et de brie garnis. Pressez légèrement et enveloppez de film alimentaire. Placez au réfrigérateur 1 nuit.

Préchauffez le four à 180 °C (th. 6). Placez les amandes effilées sur une plaque de cuisson et mettez au four 4 minutes. Laissez refroidir. Fouettez le fromage frais et la crème, puis recouvrez le sandwich cake d'une couche fine. Décorez d'amandes effilées, de noisettes entières torréfiées, du mélange noisettes-amandes hachées, de quelques pistaches et cranberries. Réservez au frais 1 heure minimum avant de servir.

Le poire roquefort

POUR 10 PERSONNES

Préparation : 2 h

Cuisson : 2 h 15

Réfrigération : 1 h

Pour le pain *(selon la recette de base p. 14)*

200 g de farine complète (à la place de la farine T55)

40 g de noisettes

40 g d'amandes

60 g de raisins secs

4 abricots secs

2 figues sèches

Pour la garniture et le glaçage

150 g de roquefort

150 g de fromage St Môret®

2 poires

1 cuil. à soupe de jus de citron

Pour les cristallines de poires

2 poires fermes

150 g de sucre

30 cl d'eau

Préparez le pain la veille : suivez la recette de base en remplaçant la farine T55 par la farine complète. Ajoutez les fruits secs coupés en morceaux à la fin du pétrissage. Faites cuire le pain dans un moule de 20 cm de diamètre.

Le lendemain, coupez les poires en fines tranches à la mandoline. Préparez un sirop en mettant dans une casserole le sucre et l'eau et portez à ébullition. Coupez le feu et plongez-y 15 minutes les tranches de poires. Égouttez-les délicatement, placez-les bien à plat sur une plaque en silicone, puis mettez au four 2 heures à 100 °C (th. 3-4). Laissez refroidir dans le four éteint. Puis décollez délicatement et réservez.

Épluchez les 2 poires pour la garniture du sandwich cake et coupez-les en tranches. Portez une casserole d'eau à ébullition avec le jus de citron. Plongez-y les tranches de poires 2 minutes. Égouttez-les soigneusement.

Coupez 3 tranches de pain de 2 cm d'épaisseur. Étalez le roquefort tempéré sur 2 tranches, puis les tranches de poires. Superposez les tranches de pain garnies et terminez par la troisième tranche. Fouettez le fromage frais pour l'assouplir et recouvrez le sandwich cake.

Placez, au moment de servir, deux cristallines de poires sur le dessus et le reste sur le pourtour.

Le simplissime

POUR 6 PERSONNES

Préparation : 45 min

Réfrigération : 30 min

Repos : 30 min

Le pain

10 tranches carrées de pain de mie complet (du commerce)

Pour la garniture et le glaçage

300 g de fromage frais

100 g de carottes râpées

½ concombre

½ oignon rouge

1 cuil. à soupe d'huile d'olive

1 cuil. à café de vinaigre balsamique

1 cuil. à soupe de ciboulette ciselée

Sel

La décoration

10 tranches de mimolette

10 tranches d'édam

1 bol de graines germées

Quelques rondelles de carotte

Quelques quartiers de concombre

Mettez les carottes râpées dans un saladier, ajoutez l'huile, le vinaigre et salez. Mélangez et réservez 30 minutes. Coupez le concombre en rondelles. Émincez l'oignon. Mélangez la moitié du fromage frais avec la ciboulette.

Placez le pain de mie complet dans un moule carré de 20 cm de côté chemisé de film alimentaire (ou un moule à cake). Tartinez de fromage. Superposez par couches l'oignon rouge, les carottes râpées, le concombre, puis déposez une seconde couche de pain de mie tartiné de fromage à la ciboulette. Recommencez ces opérations et terminez par une troisième couche de pain. Recouvrez de film alimentaire et réservez au frais 30 minutes.

Démoulez le sandwich cake sur un plat. Recouvrez de fromage frais en couche fine sur le contour et plus épaisse sur le dessus. Découpez des bandes de fromage et placez-les tout autour. Décorez le dessus de graines germées, de fleurs coupées dans des rondelles de carotte et de quartiers de concombre avant de servir.

Le fraîcheur

POUR 6 PERSONNES

Préparation : 40 min

Réfrigération : 30 min

Pour le pain de campagne
(selon la recette de base p. 14)

200 g de farine de campagne (à la place de la T55)

Pour la garniture

4 tranches de mimolette

Le coleslaw

50 g de carotte râpée
50 g de chou blanc râpé
1 cuil. à soupe de fromage blanc
1 cuil. à café de mayonnaise
1 cuil. à café de vinaigre balsamique
Sel, poivre

Le guacamole

2 avocats mûrs
½ tomate
½ oignon
1 pincée de piment de Cayenne
1 cuil. à café de jus de citron vert
Sel

Pour la décoration

1 laitue

Pour le pain, à préparer la veille, suivez la recette de base p. 14.

Le lendemain, préparez le coleslaw. Mélangez le fromage blanc, la mayonnaise et le vinaigre. Ajoutez la carotte et le chou râpés, salez et poivrez. Réservez au frais.

Préparez le guacamole. Épluchez les avocats, écrasez-les dans une assiette avec le jus de citron et le piment. Coupez la tomate et l'oignon, ajoutez le tout à la purée d'avocats. Salez et mélangez bien.

Lavez les feuilles de laitue et épongez-les soigneusement avec du papier absorbant. Coupez la boule de pain en 3 ou 4 tranches. Étalez un peu de guacamole sur la première tranche, couvrez de coleslaw puis de tranches de fromage. Placez une seconde tranche de pain et recommencez en terminant par la dernière tranche non garnie.

Enveloppez de film alimentaire et placez au frais. Réservez le reste de guacamole dans un bol avec un film alimentaire posé au contact.

Au moment de servir, couvrez la boule de pain de guacamole puis de feuilles de salade. Commencez par de petites feuilles sur le haut puis des plus grandes vers le bas. Servez aussitôt.

Notes

Vous pouvez prédécouper la deuxième et la troisième tranche de pain pour faciliter la coupe.

Le petit potager

POUR 8 PERSONNES

Préparation : 1 h

Cuisson : 15 min

Réfrigération : 30 min

Le pain

12 tranches carrées de pain de mie complet (du commerce)

La garniture et la décoration

200 g de petits pois frais

80 g de ricotta

2 carottes

2 endives Carmine®

10 feuilles de menthe

1 pincée de piment

Sel, poivre

Pour le glaçage

200 g de fromage frais

40 g de crème liquide entière

60 g de brocolis

Mettez les petits pois à cuire dans une casserole d'eau bouillante salée pendant 10 minutes. Placez les petits pois égouttés dans le bol d'un robot, en en réservant quelques-uns pour la décoration, ajoutez la ricotta, les feuilles de menthe, le piment, salez, poivrez et mixez.

Épluchez les carottes, coupez des bandes fines à la mandoline. Portez à ébullition une casserole d'eau et mettez à cuire les bandes de carottes 5 minutes, puis égouttez, roulez 10 bandes sur elles-mêmes et laissez refroidir. Détachez les feuilles des endives, lavez-les et épongez-les, puis coupez-les en deux dans le sens de la longueur.

Coupez les croûtes du pain de mie. Placez 2 tranches sur un plat, étalez de la crème de petits pois, puis couvrez de bandes de carottes et de feuilles de Carmine®. Répétez ces opérations deux fois puis terminez par du pain.

Fouettez le fromage frais et la crème, puis recouvrez le sandwich cake d'une fine couche sur les côtés et d'une couche plus épaisse sur le dessus. Lavez et séchez soigneusement les brocolis, puis râpez la partie superficielle pour obtenir une semoule et appliquez-la sur les côtés du sandwich cake. Décorez de quelques feuilles de Carmine®, des roulés de carottes et de quelques petits pois. Réservez au frais 30 minutes avant de servir.

… les gâteaux salés

Le roulé courgettes et truite fumée

POUR 10 PERSONNES

Préparation : 40 min

Cuisson : 20 min

Réfrigération : 1 nuit

Pour le roulé

2 courgettes

3 œufs

50 g de farine

1 cuil. à soupe de margarine

1 cuil. à soupe de fromage frais

1 cuil. à soupe de coriandre hachée

1 sachet de levure

Sel, poivre

Pour la garniture

150 g de fromage frais

50 g de crème liquide entière

5 tranches de truite fumée

2 cuil. à café d'œufs de poisson

Pour la décoration

1 cuil. à soupe de fromage frais

½ cuil. à café d'œufs de poisson

Quelques allumettes de courgette

Lavez les courgettes, coupez les extrémités et râpez le reste. Chauffez une sauteuse avec la margarine, faites revenir les courgettes, laissez cuire 10 minutes en mélangeant régulièrement. Versez-les dans un saladier, ajoutez le fromage frais, la coriandre, la farine, la levure, salez et poivrez.

Préchauffez le four à 180 °C (th. 6). Séparez les blancs et les jaunes d'œufs. Ajoutez les jaunes aux courgettes et montez les blancs en neige puis incorporez-les délicatement. Versez la pâte sur une plaque de cuisson en silicone ou recouverte de papier sulfurisé. Faites cuire 10 minutes. À la sortie du four, démoulez sur une seconde feuille de cuisson, laissez refroidir.

Retournez la génoise aux courgettes afin de placer le plus beau côté sur du film alimentaire, en vous aidant de deux plaques de cuisson. Fouettez le fromage frais et la crème, ajoutez les œufs de poisson, mélangez puis étalez la préparation sur la génoise aux courgettes.

Déposez les tranches de truite fumée, puis roulez le tout en maintenant bien serré grâce au film alimentaire. Réservez au frais toute la nuit.

Le lendemain, démoulez le roulé sur un plateau et décorez de quelques points de fromage frais, des allumettes de courgette et des œufs de poisson. Placez au réfrigérateur jusqu'au moment de servir.

Le cheesecake aux herbes

POUR 6 PERSONNES

Préparation : 45 min

Cuisson : 30 min

Réfrigération : 1 h + 1 nuit

80 g de crackers

300 g de Philadelphia®

2 œufs

10 cl de crème liquide

40 g de beurre + un peu pour le moule

1 cuil. à soupe de ciboulette ciselée

1 cuil. à soupe de persil plat haché

1 échalote

Pour la décoration

5 tranches rondes de bacon

1 bol de pousses de cresson

Mixez les crackers pour obtenir une chapelure. Mettez le beurre à fondre puis versez-le sur la poudre de crackers et mélangez. Placez une feuille de cuisson dans le fond d'un moule à charnière de 18 cm de diamètre et graissez les bords. Versez le mélange crackers et beurre dans le moule et tassez bien à l'aide d'une cuillère à soupe. Réservez au frais 1 heure.

Préchauffez le four à 140 °C (th. 5). Fouettez le Philadelphia® et la crème. Cassez les œufs dans un bol, fouettez-les puis ajoutez-les aux ingrédients précédents. Mélangez bien sans fouetter pour ne pas incorporer d'air. Ajoutez les herbes et l'échalote hachée. Sortez le moule du réfrigérateur et versez-y la pâte, et faites cuire pendant 30 minutes. À la fin de la cuisson, laissez refroidir dans le four puis placez au réfrigérateur toute la nuit.

Le lendemain, démoulez délicatement. Coupez les tranches de bacon en deux et roulez-les, puis déposez-les sur le cheesecake. Terminez la décoration avec des pousses de cresson.

Les cupcakes au chorizo

POUR 12 MINI-CUPCAKES

Préparation : 50 min

Cuisson : 18 min

Repos : 30 min

Pour les cupcakes

50 g de chorizo

2 œufs

90 g de farine

40 g d'emmental

40 g de parmesan

5 cl de lait

4 cl d'huile d'olive

1 cuil. à café de levure chimique

Sel, poivre

Pour la décoration

150 g de fromage frais type Philadelphia®

2 cuil. à soupe de crème liquide entière

12 dés de chorizo

1 cuil. à café de moutarde

1 cuil. à café de graines de pavot

Quelques mini-pousses de salade

Préchauffez le four à 180 °C (th. 6). Mélangez les œufs avec la farine et la levure. Ajoutez le lait, l'huile, les fromages et le chorizo coupés en petits dés.

Placez les mini-caissettes dans un moule à mini-muffins et remplissez-les aux deux tiers de pâte. Faites cuire 18 minutes. Laissez refroidir sur une grille.

Fouettez le fromage frais, la moutarde et la crème. Placez le fromage fouetté dans une poche à douille et déposez-le sur les cupcakes totalement refroidis. Saupoudrez un peu de graines de pavot, décorez d'un petit morceau de chorizo et de mini-pousses de salade. Réservez au frais jusqu'au moment de servir.

Le bavarois tomate et chèvre

POUR 6 PERSONNES

Préparation : 1 h 30

Cuisson : 20 min

Congélation : 7 h

Repos : 3 h

Pour le crémeux au chèvre

150 g de chèvre frais (Petit Billy®)

5 cl de crème liquide entière

1 cuil. à café de basilic haché

Pour la pâte brisée

110 g de farine

50 g de beurre

3 cuil. à soupe d'eau

1 pincée de sel

Pour la mousse de tomate

200 g de coulis de tomate

22 cl de crème liquide entière

3 feuilles de gélatine

5 gouttes de Tabasco®

1 pincée de sucre

1 pincée de sel de céleri

Pour la décoration

5-6 tomates cerises confites

Quelques feuilles de basilic

Fouettez le chèvre frais avec la crème jusqu'à obtenir un mélange crémeux. Incorporez le basilic. Remplissez une empreinte en silicone de 12 cm de diamètre, lissez la surface et placez au congélateur 3 heures.

Préchauffez le four à 180 °C (th. 6). Mettez la farine dans un saladier, ajoutez le sel puis le beurre en petits morceaux. Travaillez à la fourchette puis du bout des doigts. Ajoutez l'eau et pétrissez rapidement pour lier la pâte. Étalez-la puis coupez un cercle de 15 cm de diamètre. Faites cuire 20 minutes. Laissez refroidir.

Mettez la gélatine à ramollir dans de l'eau froide. Dans un saladier, versez le coulis de tomate, ajoutez le sel de céleri, le sucre et le Tabasco®. Faites fondre la gélatine essorée à fondre au micro-ondes pendant 10 secondes et ajoutez-la au coulis. Mélangez bien. Montez la crème en chantilly et incorporez-la au coulis.

Placez un cercle à entremets de 18 cm de diamètre sur une plaque en silicone, une bande de Rhodoïd© contre la paroi. Déposez la pâte sablée au centre, démoulez le crémeux et déposez-le sur la pâte. Couvrez de mousse à la tomate et replacez le moule au congélateur 4 heures.

Sortez le bavarois 3 heures avant de servir, décorez de tomates cerises confites et de feuilles de basilic.

Le Paris-Tokyo

POUR 8 PERSONNES

Préparation : 1 h

Cuisson : 35 min

Pour la pâte à choux

4 œufs

100 g de farine

100 ml d'eau

100 ml de lait

80 g de beurre

1 cuil. à soupe de sésame noir et blanc

½ cuil. à café de sel

Pour la garniture

200 g de pavé de saumon

1 avocat

20 cl de crème liquide entière

1 bouquet de coriandre

½ citron vert

2 cuil. à café de wasabi

1 cuil. à café de sauce soja sucrée

1 cuil. à café de vinaigre de riz

Sel

Préchauffez le four à 200 °C (th. 7). Mettez le lait, l'eau et le beurre coupé en dés dans une casserole, ajoutez le sel et portez à ébullition. Quand le beurre a totalement fondu, incorporez la farine, remuez bien pendant 1 minute pour sécher la pâte. Versez-la dans le bol du robot et ajoutez les œufs, un à un, en mélangeant bien à chaque fois.

À l'aide d'une poche munie d'une douille cannelée, dressez des anneaux de pâte sur une plaque de cuisson recouverte de papier sulfurisé et saupoudrez de sésame. Mettez-les dans le four, baissez la température à 180 °C (th. 6) et faites cuire 30 minutes sans ouvrir le four. Laissez refroidir sur une grille.

Coupez le saumon en petits dés, placez-les dans un bol. Ajoutez le vinaigre de riz, la sauce soja et quelques gouttes de jus de citron, mélangez.

Fouettez la crème très froide et le wasabi en chantilly, salez. Ouvrez les anneaux de choux, garnissez-les de chantilly au wasabi et de dés de saumon, réservez au frais. Au moment de servir, ajoutez l'avocat coupé en dés et déposez quelques feuilles de coriandre.

Les petits + gourmands

Voici d'autres suggestions de tartinades
et garnitures pour vos sandwichs cakes...

Tomates cerises confites

POUR 1 BOCAL

Préparation : 15 minutes

Cuisson : 2 heures

250 g de tomates cerises
1 cuil. à café de sucre
1 cuil. à café de sel
10 cl d'huile d'olive
1 cuil. à café de romarin
1 branche de thym

Préchauffez le four à 120°C (th.4).

Lavez les tomates, coupez-les en deux. Placez-les dans un saladier, salez légèrement, saupoudrez de sucre puis mélangez délicatement. Placez les tomates sur une plaque cuisson recouverte d'une feuille de papier sulfurisé, côté coupé vers le haut.

Mettez les tomates à sécher dans le four pendant 2 heures. Laissez-les refroidir.

Placez les tomates dans un bocal avec les herbes, puis couvrez-les d'huile d'olive et fermez hermétiquement.

Chutney de figue

POUR 1 POT

Préparation : 20 minutes

Cuisson : 40 minutes

300 g de figues fraîches
1 oignons rouge
60 g de sucre roux
1 cuil. à soupe de miel
10 cl de vinaigre de cidre
2 g de sel

Lavez et coupez les figues en petits morceaux. Pelez et hachez finement l'oignon.

Placez le tout dans une casserole, ajoutez le sucre, le miel, le vinaigre, salez, mélangez bien et laissez cuire 30 à 40 minutes sur feu doux, en mélangeant régulièrement.

Laissez refroidir et réservez dans un bocal en verre.

Houmous

POUR 1 POT

Préparation : 20 minutes

220 g de pois chiche en boîte

2 gousses d'ail

2 cuil. à soupe de tahin (purée de sésame)

2 pincées de cumin

1 cuil. à café de jus de citron

2 cuil. à soupe d'huile d'olive

Sel et poivre

Égouttez les pois chiche. Épluchez les gousses d'ail, coupez-les en deux et retirez le germe si besoin.

Placez les pois chiche dans un le bol d'un robot mixeur, ajoutez les gousses d'ail, le tahin, le cumin ainsi que le jus de citron. Mixez l'ensemble en ajoutant l'huile d'olive petit à petit jusqu'à obtenir la consistance souhaitée. Salez et poivrez.

Conservez au réfrigérateur dans un pot hermétique.

Rillettes de saumon

POUR 350 G DE RILLETTES

Préparation : 30 minutes

Cuisson : 10 minutes

250 g de pavé de saumon

50 g de beurre

80 g de Philadelphia

2 cuil. à café de jus de citron

1 cuil. à soupe d'aneth ciselée

Sel, poivre

Préchauffez le four à 180°C (th.6). Placez le saumon dans une feuille de papier sulfurisé, fermez-la hermétiquement et placez au four 10 minutes. À la sortie du four, laissez refroidir puis émiettez la chair du saumon.

Ajoutez le beurre pommade, le Philadelphia, le jus de citron et travaillez le tout à la fourchette jusqu'à obtenir la consistance de rillettes. Salez très légèrement, poivrez puis ajoutez l'aneth ciselé, mélangez.

Réservez au frais dans une boîte hermétique.

Mesures utiles

1 NOISETTE DE BEURRE =
4 grammes

1 NOIX DE BEURRE = 15 grammes

1 CUILLÈRE À CAFÉ =
→ **5** grammes de sel, sucre ou huile
→ **7** grammes de beurre
→ **0,5** cl de liquide
→ **5** grammes de farine ou de semoule

1 CUILLÈRE À SOUPE =
→ **15** grammes de sucre, farine ou beurre
→ **12** grammes de crème fraîche ou huile
→ **1,5** cl de liquide
→ **3** cuillères à café

1 PINCÉE DE SEL =
0,3 à **0,5** gramme

1 MORCEAU DE SUCRE =
5 grammes

Températures du four

THERMOSTAT	TEMPÉRATURE APPROXIMATIVE
1	**30 °C** (à peine tiède)
2	**60 °C** (tiède)
3	**90 °C** (chaleur très douce)
4	**120 °C** (chaleur douce)
5	**150 °C** (chaleur modérée)
6	**180 °C** (chaleur moyenne)
7	**210 °C** (assez chaud)
8	**240 °C** (chaud)
9	**270 °C** (très chaud)
10	**300 °C** (chaleur vive)

Index

Dans la même collection

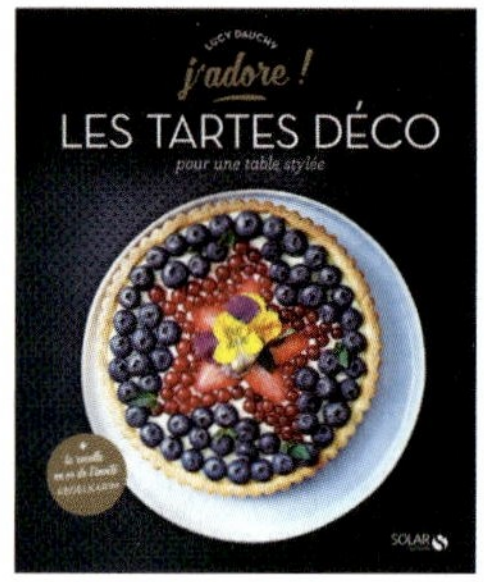

Directeur éditorial : Didier Férat
Directrice éditoriale adjointe : Corinne Cesano
Édition : Marjorie Goussu
Graphisme : Julia Philipps
Mise en page : APS
Fabrication : Laurence Duboscq

Solar | un département place des éditeurs

ISBN : 978-2-263-14560-5
Code éditeur : S14560
Dépôt légal : mai 2016
Imprimé en Espagne par Gráficas Estella

FSC
www.fsc.org
MIXTE
Issu de sources responsables
FSC® C003309